AF562420

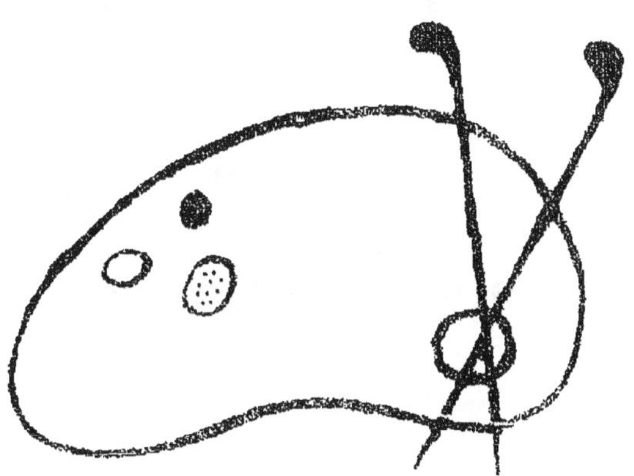

LA

PANIQUE ANGLAISE

EN MAI 1429

PAR

Germain **LEFÈVRE-PONTALIS**

PARIS
LIBRAIRIE ÉMILE BOUILLON, ÉDITEUR
67, RUE DE RICHELIEU, 67

ORLEANS
HERLUISON, LIBRAIRE
17, RUE JEANNE-D'ARC, 17

1894

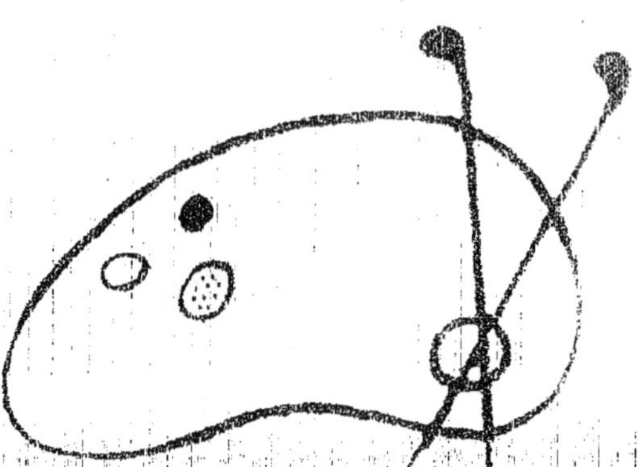

Fin d'une série de documents
en couleur

Hommage profondément respectueux de l'auteur

[illegible]

LA PANIQUE ANGLAISE

EN MAI 1429

CHALON-SUR-SAÔNE, IMPRIMERIE DE L. MARCEAU.

Extrait du Moyen Age, *numéro d'avril 1894.*

LA PANIQUE ANGLAISE

EN MAI 1429

PAR

Germain LEFÈVRE-PONTALIS

PARIS
LIBRAIRIE ÉMILE BOUILLON, ÉDITEUR
67, RUE DE RICHELIEU, 67

ORLÉANS
HERLUISON, LIBRAIRE
17, RUE JEANNE-D'ARC, 17

1894

LA PANIQUE ANGLAISE

EN MAI 1429

La sensation de contagieuse terreur et de confuse épouvante qu'exerça sur le moral aguerri des troupes anglaises, jusqu'à la dernière scène du drame de Rouen, l'action bouleversante et irrésistible de Jeanne d'Arc, est un de ces faits sur lesquels historiens et philosophes pourraient discuter longuement. Chroniques, lettres, dépositions recueillies aux Procès, tant de condamnation que de réhabilitation, ont fourni sur ce point quelques impressions personnelles, émanées des témoins de cet indéniable phénomène, qui vient si rudement renverser, chez les conquérants du sol national, toutes les notions établies, toute l'expérience acquise par dix ans de défaites françaises. Quant aux actes contemporains susceptibles de traduire, sans contestation possible, cet état de stupeur et de vertige, et ayant conservé trace des mesures nécessitées par ce nouvel et surprenant élément de calcul, le nombre en est singulièrement restreint et la constatation plus rare. La production de l'un d'eux, dans sa sécheresse apparente, semblera donc justifiée par l'extrême intérêt des moindres témoignages de cet ordre.

Les documents de ce genre se réduisaient, naguère encore, aux deux groupes de mandements émanés du gouvernement anglais, dans le cours de l'année 1430, et dirigés contre les officiers et soldats, qui, par crainte des « enchantements de la Pucelle », refusaient de passer en France à la suite de leurs corps ou désertaient en masse pour se rapatrier d'eux-mêmes en Angleterre. Publiés par Rymer dans son célèbre recueil[1],

1. Rymer, *Fœdera*, éd. de 1739-1745, t. IV, part. IV, p. 160 et 165.

reproduits dans la collection des pièces annexées au texte des Procès[1], ils ont été signalés et mentionnés plus d'une fois.

Ce qu'il faut cependant remarquer, c'est que ces deux séries d'actes se rapportent à une époque où l'effort prodigieux du soulèvement national, manifesté l'an précédent par les coups de théâtre d'Orléans et de Reims, avait depuis quelques mois déjà rencontré le point mort de sa course, au delà duquel son élan se trouvait, momentanément du moins, stationnaire ou contrarié. Ces mandements, aux titres expressifs[2], expédiés par Humphrey, duc de Gloucester, régent d'Angleterre pour son neveu Henry VI, sont en effet datés, l'un du 3 mai, l'autre du 12 décembre 1430. Ils se rapportent l'un et l'autre aux circonstances qui marquèrent, d'avril 1430 à février 1432, le passage et l'unique séjour du jeune roi Henry VI en France, voyage préparé un an déjà auparavant, au cours du siège d'Orléans[3], annoncé bruyamment depuis, à diverses reprises[4], puis finalement différé de mois en mois[5].

Le faible héritier des deux couronnes des Valois et des Lancastre venait de s'embarquer à Douvres, le 23 avril 1430, et de prendre terre à Calais[6], où son séjour se prolonge jusque dans le courant de juillet, époque vers laquelle il prononce enfin sa marche vers la direction de Rouen[7]. Dix jours après son départ d'Angleterre, l'armée de secours qu'il devait amener avec lui, et dont les divers actes d'engagements commençaient à courir au 1er mai, refusait de prendre la mer et se trouvait en pleine dissolution. Officiers comme soldats, émus à l'idée du péril surhumain qu'ils allaient avoir à braver sur la terre française, le cœur troublé, l'imagination vacillante, débandés et pour mieux se dérober au service, s'étaient dispersés dans les dépendances de Londres et dans les faubourgs des ports échelonnés vers le bas de la Tamise. Ordre est expédié, le 3 mai[8], de Canterbury[9], aux vicomtes de Londres et aux autorités de Rochester[10], de faire proclamer à cri public que tous retardataires, sous

1. Quicherat, *Procès*, t. V, p. 162-164 et p. 192-194.

2. Le premier, du 3 mai, est intitulé : « De proclamationibus contra capitaneos et soldarios tergiversantes incantationibus Puellæ terrificatos. » Le second, du 12 décembre : « De fugitivis ab exercitu quos terriculamenta Puellæ exanimaverant arestandis. »

3. Lettre du duc de Bedford au Conseil privé d'Angleterre, lue à la séance du 15 avril 1429. (Vallet de Viriville, *Histoire de Charles VII et de son époque*, t. II, p. 77.)

4. Instruction du duc de Bedford au roi d'armes Jarretière, pour le sacre de Henry VI, datée de Paris, le 16 juillet 1429, jour même de l'entrée de Charles VII à Reims. (Rymer, *Fœdera*, t. IV, part. IV, p. 150.)

5. Nombreux actes d'octobre 1429 à avril 1430. (Ibid., *id.*, p. 151-160.)

6. Ch. de Beaurepaire, *Recherches sur le procès de condamnation de Jeanne d'Arc*, p. 12-13. (*Précis analytique des travaux de l'Académie des sciences, belles-lettres et arts de Rouen*, année 1867-1868.)

7. Ibid., *id.*, p. 12-15.

8. Voir le texte de l'acte.

9. Canterbury, sur la Stour, dont le débouché dans la mer était alors autrement proche.

10. Rochester, sur la Medway, près de son embouchure dans la Tamise, et un peu au-dessus de Chatham qui a absorbé son ancienne importance maritime.

peine d'emprisonnement, sans distinction de grade ou de condition, aient à se rendre sur l'heure dans les ports de Sandwich [1] et de Douvres [2]. — Or, à ce moment [3], Jeanne d'Arc, inactive et sans armée depuis l'échec subi devant Paris, le 8 septembre précédent, lassée, découragée par tout un hiver d'abandon, vient de s'évader de la cour dans les trois derniers jours de mars [4]. Elle tient maintenant la campagne, dans quelle tristesse et quelles angoisses ! au milieu de compagnies quelconques, entre Marne et Oise, à Lagny d'abord, où elle a couru tout d'une traite [5], devant Melun ensuite, pendant la semaine de Pâques, du 17 au 22 avril [6], à Compiègne enfin, où elle fait sa première apparition le 13 mai [7], où dix jours après va s'accomplir son destin.

Sept mois plus tard, alors que vendue depuis quelques semaines à ses mortels ennemis, elle ne dispose plus depuis longtemps d'aucun instrument humain de succès, on ne sait quels pressentiments d'un danger inconnu, d'espèce effrayante et invisible, continue encore à hanter le soldat anglais. Henry VI est toujours à Rouen, où il attend l'occasion de se mettre en route vers Paris [8], vers ce Sacre à Notre-Dame, objet de sa traversée, remis de jour en jour, qui ne se réalisera que dans un an, et après lequel il disparaîtra du sol de France [9]. Le 12 décembre

1. Sandwich, aujourd'hui sur un des bras de la Stour, à près d'une lieue dans les terres, comme tant d'anciens ports de cette côte. Une curieuse tradition se rattache à la décroissance de ce havre. (Amiral Dumas-Vence. *Notice sur les côtes de la Manche et de la mer du Nord* — Dépôt des cartes et plans de la marine — p. 11 et 116.)

2. Douvres, demeuré presque le seul survivant parmi les anciens abris de cette section de côte, mais dont le port était alors considérablement plus en dedans des terres que de nos jours. (Amiral Dumas-Vence, *l. c.*, p. 10, 97 et 109-112.)

3. Sur la coïncidence de cet acte du 3 mai avec la rentrée en campagne de Jeanne d'Arc, voir Wallon, *Jeanne d'Arc*, t. I, p. 324-325, et Vallet de Viriville, *Hist. de Charles VII et de son époque*, t. II, p. 149.

4. Lettre de Jeanne d'Arc à la ville de Reims, en date de Sully-sur-Loire encore, le 28 mars (*Procès*, t. V, p. 101-162), et Chronique de Parceval de Cagny, fixant son départ du même lieu (Chronique de Parceval de Cagny, *ad ann.* 1430, fragment dans *Procès*, t. IV, p. 32.)

5. « Et sans retourner s'en ala à la ville de Laingni sur Marne. » (Chronique de Parceval de Cagny, *l. c.*)

6. « In septimana Paschali novissime preterita, ipsa existente supra fossata villæ Meleduni. » — « Septimana Paschæ ultima lapsa, ipsa existente supra fossata Meleduni. » (Interrogatoire du 10 mars 1431, dans *Procès*, t. Ier, p. 114-115 et 253.) Ceci établit suffisamment qu'il s'agit de la semaine de Pâques (17-22 avril — Pâques en 1430 tombant le 16 avril), et non de la Semaine-Sainte (10-15 avril), comme il est généralement répété. (Voir Vallet de Viriville, *Hist. de Charles VII et de son époque*, t. II, p. 141; *Procès*, t. V, p. 381.)

7. Vallet de Viriville, *Hist. de Charles VII et de son époque*, t. II, p. 143, et Wallon, *Jeanne d'Arc*, t. I, p. 327-329.

8. Henry VI est alors à Rouen, du 29 juillet 1430 au 20 novembre 1431. (Ch. de Beaurepaire, *Recherches sur le procès*, p. 14.)

9. Henry VI, revenu de Paris où il s'est fait couronner à Notre-Dame, le dimanche 16 décembre 1431, est de retour à Rouen le 8 janvier 1432. (Ch. de Beaurepaire, *l. c.*, p. 44.) On le revoit en Angleterre, à Westminster, le 16 février suivant. (Rymer, *Fœdera*, t. IV, part. IV, p. 175-176.)

donc[1], lancé de Wye[2], nouveau mandement du duc de Gloucester, cette fois adressé à tous les fonctionnaires de la côte anglaise, de la baie du Wash à l'entrée du Solent, aux vicomtes de Norfolk, de Suffolk, d'Essex, de Londres, de Surrey, de Kent, de Sussex et de Hants, au garde des Cinq-Ports, commandant du château de Douvres[3]. Injonction d'arrêter sur-le-champ et d'envoyer devant le Conseil d'Angleterre tous les sujets du roi qui ont quitté l'armée et menacent de déserter chaque jour.— Or la captive de Jean de Luxembourg, en cet instant, se trouve en dépôt aux mains de ses juges[4], gardée au Crotoy[5], peut-être déjà en route pour le lieu de son martyre[6], ou même parvenue dans sa prison[7], encagée dans cette cage de fer préparée d'avance pour elle[8], et qui peut lui avoir servi de cellule pendant les premiers jours de sa détention dans le château de Rouen. Une terreur inexplicable pèse malgré tout sur ces troupes endurcies à tous les risques, fortes contre toute surprise, et que le supplice prochain de leur inquiétante ennemie devait, semble-t-il, libérer désormais de toute fièvre de peur. Quelques mois plus tard encore, les capitaines anglais n'oseront faire entreprendre le siège de Louviers[9], où s'est

1. Voir le texte de l'acte.

2. Wye plutôt que Wyx (*Procès*, t. V, p. 193), localité du comté de Kent, située sur la Stour, au-dessus de Canterbury.

3. Les Cinq-Ports comprenaient primitivement Sandwich, Douvres, Hythe, Romney et Hastings, auxquels furent adjoints Winchelsea et Rye. De chacun de ces ports dépendaient d'autres havres secondaires, connus sous le nom de *membres*, disposition qui étendait la juridiction de cette charge, le long de la côte, du chenal de l'île de Thanet jusqu'au delà de Beachy-Head, de Reculver à Seaford. La plupart de ces abris sont aujourd'hui engagés dans les terres, éloignés des cours d'eau qui leur servaient de chenaux, ou entièrement ensablés.

4. Le 21 novembre, et même nécessairement quelques jours auparavant, Jeanne d'Arc est aux mains du gouvernement anglais. (Lettre de l'Université de Paris à Henry VI, en date de Paris, le 21 novembre, dans *Procès*, t. I, p. 17-18.)

5. Le séjour au Crotoy étant établi, entre la sortie des châteaux de Jean de Luxembourg, d'une part, et le transfert à Rouen, d'autre part, c'est vraisemblablement au Crotoy même que s'opère la transmission au gouvernement anglais, qu'on vient de voir déjà exécutée à la date du 21 novembre.

6. Par terre, de Saint-Valery-sur-Somme à Eu, puis à Dieppe, puis enfin à Rouen, comme l'a démontré M. Wallon. (*Jeanne d'Arc*, t. II, p. 23, et app. VIII.)

7. Quelques jours avant le 28 décembre, Jeanne d'Arc est arrivée à Rouen. (Lettres de territorialité concédée par le chapitre de Rouen à Pierre Cauchon, en date de Rouen, le 28 décembre, dans *Procès*, t. I, p. 20-23.)

8. Dire d'Etienne Castille, serrurier, qui fabriqua la cage, rapporté, lors de l'enquête de réhabilitation, dans la déposition de Jean Massieu, curé de Saint-Candé-le-Vieux, ex-huissier au procès (*Procès*, t. III, p. 155). — Même dire dans celle de Thomas Marie, prieur de Saint-Michel-du-Mont près Rouen (*Ibid.*, t. II, p. 371). — Déposition de Pierre Cusquel, bourgeois de Rouen, chez qui la cage fut pesée (*Ibid.*, t. II, p. 306 et 346; t. III, p. 180). — Sur ce point, voir Bouquet, *Jeanne d'Arc au château de Rouen*, au chap. Jeanne dans sa prison, p. 18-19. (*Revue de Normandie*, années 1865 et 1866.)

9. Dépositions à l'enquête de réhabilitation : — de Guillaume Manchon, curé de Saint-Nicolas-le-Painteur, ex-notaire au procès (*Procès*, t. II, p. 344); — de frère Isambard de la Pierre, des Frères Prêcheurs, l'un des juges au procès (*Ibid.*, t. II, p. 348); — de Jean Riquier, curé d'Heudicourt, présent à l'exécution (*Ibid.*, t. II, p. 373), rapportant les dires de Pierre Maurice, de l'Université de Paris, et

jeté La Hire avec un parti français, tant que respire toujours, même déjà marquée pour le bûcher, leur mystérieuse et surnaturelle adversaire.

Une plus récente découverte, due à M. Siméon Luce, a permis de reconnaître avec certitude, au fort même du grand bouleversement de 1429, la violence de cette émotion démoralisante qui faisait défaillir les cœurs les plus solides. De l'une des pièces publiées en 1878 dans l'étude qui a pour titre : *Le Trésor anglais à Paris et le procès de Jeanne d'Arc* [1], il résulte en effet qu'au milieu d'août 1429, entre le sacre de Reims et l'attaque de Paris, des bandes de déserteurs parcourent le Cotentin, cherchant, entre autres ports, à regagner Cherbourg, pour s'y embarquer et fuir la terre de France[2]. Le 18 août[3], le lieutenant général du bailliage de Cotentin, se trouvant à Valognes, reçoit deux mandements du Conseil royal de Normandie, datés de Rouen, et rendus évidemment au moins quatre ou cinq jours plus tôt, sur des nouvelles survenues le 14 ou le 13. L'un a trait au contingent demandé pour la tenue de la « journée » d'Évreux ; l'autre ordonne d'empêcher tous Anglais, Gallois ou autres gens d'armes de s'embarquer pour repasser la Manche. Défense qui, bien que le nom n'en soit pas prononcé, s'applique certainement au port de Cherbourg, situé dans le ressort de la vicomté de Valognes [4].

Il convient d'ajouter que vers ces parages de l'été de 1429, les faits et les jours sont à serrer de près. L'armée royale française, qui a mené Charles VII au sacre de Reims, le 17 juillet, qui depuis a piétiné pendant deux semaines, vient d'arrêter le 5 août sa déplorable retraite un instant prononcée vers les ponts de la Seine, et ayant repris sa route naturelle vers le Valois et la Picardie, vient de prononcer définitivement sa marche vers les approches du Nord de Paris [5]. Le 10, elle est à la Ferté-Milon, du 11 au 18 à Crépy-en-Valois ou dans les plaines d'alentour, cherchant sans résultat, du 13 au matin du 16 [6], la rencontre décisive à laquelle le commandement anglais se refuse, et dont les politiques et les diplomates qui entourent Charles VII ne semblent guère se

de Nicolas Loyseleur, chanoine de Rouen, tous deux juges au procès (*Ibid.*, t. III, p. 189) ; — de frère Jean Toutmouillé, des Frères Prêcheurs, présent dans la prison le matin de l'exécution (*Ibid.*, t. II, p. 3).

1. Siméon Luce, *Le Trésor anglais à Paris et le procès de Jeanne d'Arc*. (*Mémoires de la Société de l'histoire de Paris et de l'Ile-de-France*, t. V, année 1878, p. 299-307.)

2. *Ibid.*, id., Pièces just., n° 3. Cette pièce est exactement un mandement de taxation émané de Pierre de la Roque, lieutenant général du bailliage de Cotentin, en date de Valognes, le 18 août 1429, et adressé au vicomte de Valognes, pour mettre à la charge du budget de la vicomté le salaire des messagers qui ont apporté de Saint-Lô à Valognes les deux mandements en question.

3. Voir le texte de l'acte.

4. Le genre de pièces auquel appartient ce document a paru assez important à M. Siméon Luce, selon sa propre expression, pour en motiver une seconde reproduction dans les pièces justificatives de la Chronique du Mont-Saint-Michel. (*Chronique du Mont-Saint-Michel*, Pièces just., n° 110, t. I, p. 291.)

5. De Beaucourt, *Histoire de Charles VII*, t. II, p. 235.

6. Chron. de Parceval de Cagny, *ad ann.* 1429, dans *Procès*, t. IV, p. 21-23.

soucier davantage. Ce jour même du 18 août, à l'heure où l'on vient de voir les ordres du Conseil royal atteindre le fond de la Normandie, le roi français entre à Compiègne [1], où il va recevoir, en dix jours de halte [2], les clefs de Beauvais [3] et de Senlis [4], de Creil et de Pont-Sainte-Maxence [5], qui assurent la traversée de l'Oise ; le 28, il gagnera Senlis [6], où il trouve la soumission de Lagny [7], le point de passage précieux et convoité de la Marne : il s'attarde encore dix jours avant d'entrer à Saint-Denis, le mercredi 7 septembre, veille de l'assaut de Paris [8]. Le jour même du 18 août, on est au lendemain de cette capitulation conditionnelle d'Evreux, révélée si récemment seulement, qui tient en réalité le sort de la campagne en suspens, et autour de laquelle gravite, bien plus qu'on ne saurait le croire, toute la destinée de la cause nationale.

Evreux vient de se rendre à terme, d'après l'un des usages du droit militaire d'alors, peut-être dès le 12, puisque le 18 on vient d'en voir la nouvelle parvenue au fond du Cotentin, jusqu'à Valognes, ayant passé par Rouen et par Saint-Lô [9]. La « journée » convenue, qui selon la force des troupes en présence, doit décider de la reddition définitive de la place, est fixée au 27 août [10]. Le duc de Bedford, régent de France, qui défend pied à pied l'héritage de son neveu Henry VI, a quitté Paris en toute hâte, le jour même ou le lendemain de la soumission de Senlis, pour se donner tout entier au salut de la Normandie [11]. Ramassant tous les

1. Chronique de Parceval de Cagny, p. 23.

2. De Beaucourt, *Hist. de Charles VII*, t. II, p. 238. Cf. Vallet de Viriville, *Hist. de Charles VII et de son époque*. t. II, p. 112-113.

3. La soumission de Beauvais parvient au roi à Compiègne. (*Chronique de la Pucelle*, chap. LXI, éd. V. de Viriville, p. 331 ; cf. p. 327.)

4. La soumission de Senlis a lieu le 22 août ; au moins est-ce de ce jour que sont datées les lettres d'abolition définitive délivrées par le roi. (Flammermont, *Senlis pendant la seconde période de la guerre de Cent-Ans — Mémoires de la Société de l'Histoire de Paris*, t. V, année 1878 — p. 180-198, p. 241.)

5. La soumission de Creil et de Pont-Sainte-Maxence, avec celle de Beauvais, Senlis et d'autres, sans date bien précise. (*Monstrelet*, l. II, chap. LXX, éd. Douët d'Arcq, t. IV, p. 304.)

6. De Beaucourt, *Hist. de Charles VII*, t. II, p. 238. Cf. Vallet de Viriville, *Hist. de Charles VII et de son époque*, t. II, p. 112-113.

7. La soumission de Lagny parvient au roi le 29 août. (*Chronique de la Pucelle*, chap. LXII, éd. V. de Viriville, p. 335.)

8. Chron. de Parceval de Cagny, *ad ann.* 1429, dans *Procès*, t. IV, p. 25-26.

9. Il semble qu'on ne pouvait mettre moins de quatre jours entre Rouen et Pontorson, distance à peu près équivalente, et pareille sur la plus grande partie du parcours, à celle qui sépare Rouen de Valognes. En mars 1427, dans une circonstance exactement analogue, lors de la « journée » de Pontorson, le message désespéré du comte de Warwick, demandant un renfort immédiat au bailli de Rouen, et daté du camp devant Pontorson, le 19 mars, parvient à Rouen le 22. (Stevenson, *Letters and Papers illustrative of the wars of the English in France during the reigns of Henry V and Henry VI*, t. II, p. 68-71.)

10. Cette date et l'issue de l'événement ont été déterminés pour la première fois par M. de Beaucourt. (*Hist. de Charles VII*, p. 34 et n. 4.)

11. Date de la reddition de Senlis, le 22 août (ci-dessus, n. 4). Epoque du départ de Bedford de Paris pour la Normandie, dès la réception de cette nouvelle. (Chronique de Parceval de Cagny, *ad ann.* 1429, dans *Procès*, t. IV, p. 25.)

détachements disponibles, jusqu'aux plus minimes et aux plus disparates [1], allant jusqu'à mettre à terre une compagnie de débarquement, improvisée avec *l'équipage du baleinier de guerre de sa maison militaire*, qui le suit sur la Seine [2], aidé surtout par l'incroyable inertie qui pèse sur le camp français, Bedford, par un prodige d'énergie personnelle et de possession de soi-même, parvint à figurer en nombre devant la place, au jour dit [3], et à sauver avec elle [4] tout l'Ouest déjà plus qu'à demi soulevé contre l'occupation étrangère. Mais jusqu'à la minute où s'ébauche ce premier symptôme de retour de fortune, que vont bientôt *progressivement accentuer l'échec du 8 septembre sous les murs de* Paris et la retraite de Charles VII en deçà de la Loire, le gouvernement anglais est en droit de tout craindre, enlèvement de la capitale dans un coup d'enthousiasme, entrée victorieuse des Français en Normandie, déroute jusqu'à la côte. Le témoignage dont on vient de reconnaître ainsi le cadre en fournit une preuve aussi expressive qu'impérieuse.

Or le document qu'il y a lieu de croire encore inédit, et qu'on va trouver analysé et publié plus loin, démontre que cette panique dissolvante était loin d'avoir attendu, pour se manifester dans toute son affolante oppression [5], la suite d'événements extraordinaires qui avait conduit le dauphin de France des bords de la Loire jusqu'au portail de Reims. Avec ce nouveau témoignage, l'observateur quitte l'heure de la marche triomphale, de la campagne du sacre. Il se trouve reporté tout au début de cette étonnante série de surprises, bien avant le jour de Patay, presque à la limite exigée par le temps et la distance pour que la nouvelle foudroyante de la délivrance d'Orléans ait pu atteindre ces régions éloignées du théâtre de la lutte, où l'on s'aperçoit que son effet produisait déjà d'incroyables résultats.

Une huitaine à peine après la levée du siège d'Orléans, effectuée comme on sait le dimanche 8 mai, le duc de Bedford, alors à Paris ou au moins tout auprès, au reçu des nouvelles qu'il apprend de l'armée, de son esprit, de sa démoralisation, est obligé d'expédier des lettres closes aux capitaines de tous les ports de la côte normande, de la Somme à la

1. Voir le contenu du premier mandement cité, relatif au secours d'Evreux.

2. *Fait résultant d'un article de compte cité par M. Ch. de Beaurepaire. (De l'Administration de la Normandie sous la domination anglaise, aux années 1424, 1425, 1429*, p. 62 — *Mémoires de la Société des Antiquaires de Normandie*, t. XXIV, année 1859.)

3. De Beaucourt, *Hist. de Charles VII, ll. cc.*

4. D'après un passage assez vague de Monstrelet (l. II, chap. LXX, éd. Douët d'Arcq, t. IV, p. 353), c'est au connétable de Richemont, lequel aurait été alors en campagne sur les frontières de Normandie, qu'il faudrait attribuer l'honneur de la reddition conditionnelle d'Evreux. Mais cette assertion est purement inadmissible. Richemont, depuis la résolution de la marche vers Reims, c'est-à-dire depuis la fin de juin, était relégué à Parthenay, où il demeure jusqu'à l'hiver. (*Richemont*, chap. L, éd. Achille Le Vavasseur, p. 74-75.)

5. Cet effet a été heureusement traduit par M. Jules Doinel, dans son étude : Jeanne d'Arc telle qu'elle est. (Jules Doinel, *Jeanne d'Arc telle qu'elle est*, p. 39 — *Mémoires de la Société archéologique et historique du Gâtinais*, t. XXIV, année 1892.)

Seine, à Eu, Dieppe, Fécamp, Harfleur, tous un à un spécifiés, pour leur défendre de laisser aucun déserteur se rembarquer pour l'Angleterre.

L'acte édité ci-dessous révèle en effet que le 25 mai, l'un des messagers à cheval du bailliage de Rouen était de retour d'une tournée exécutée, en ce présent mois, de Rouen, à Eu, Dieppe, Fécamp et Harfleur, ayant porté dans ces places les lettres closes du Régent, adressées aux capitaines de ces ports ou à leurs lieutenants, et contenant les prescriptions qui viennent d'être indiquées. Le messager, Guillaume Polain [1], reconnaît à cette date, avoir reçu de Pierre Surreau, receveur général de Normandie [2], par-devant Michel Durant, vicomte de Rouen [3], la somme de trois livres dix sous tournois, prix du forfait conclu pour l'entreprise de ce voyage [4].

En admettant que cinq jours aient été nécessaires pour cette mission coupée d'étapes indispensables [5] et qu'il en ait fallu trois pour apporter de Paris à Rouen le courrier du Régent comprenant ce groupe de missives [6], on voit que ces ordres inouïs du duc de Bedford ont dû de toute nécessité se trouver expédiés vers une date qui ne peut excéder le 15 mai, ou tout au plus le 17, si l'on admet que leurs transmissions successives aient immédiatement suivi leur rédaction, puis leur transmission. Or la nouvelle de la levée du siége d'Orléans parvient à Paris le mardi 10 [7], dépêchée par le comte de Suffolk [8], replié sur Jargeau depuis l'avant-veille, tandis que Talbot et Scales se sont cantonnés vers Meung et Beaugency [9]. Il n'avait donc pu s'écouler que bien peu de jours, une

1. Son nom se retrouve au cours de cette année, comme messager ordinaire du bailliage. (Septième compte de Pierre Surreau, Bibl. Nat., ms. fr. 4488, fol. 687-778.)

2. Pierre Surreau, receveur général des finances de Normandie, de 1423 à 1434.

3. Michel Durant, institué vicomte de Rouen par lettres de Henri V, en date du 23 juillet 1421. (*Rôles normands et français et autres pièces tirées des archives de Londres par Bréquigny, en 1764, 1765 et 1766 — Mémoires de la Société des Antiquaires de Normandie*, t. XXIII, année 1858 — p. 1-307, n° 1305, p. 4.) On le trouve encore dans ces fonctions au 5 février 1433 ; à la date du 11 août 1434, il avait quitté cette charge pour celle de receveur général des finances de Normandie (Bibl. Nat., Cab. des titres, P. or., *Durant*, n°s 14-16), qu'il exerce jusque dans l'hiver de 1435-1436.

Le bailli de Rouen est alors John Salvayn, dont il va être parlé à l'occasion de sa charge de capitaine de Dieppe. — Le lieutenant-général du bailliage est Pierre Poolin qui sera mentionné en même temps que son chef.

4. Enregistrement sommaire de ce payement se rencontre, de façon régulière, dans le compte correspondant du receveur général des finances de Normandie, qui a été trouvé conservé. (Septième compte de Pierre Surreau, Bibl. Nat., ms. fr. 4488, f° 719.)

5. Délai qui semble commandé par la distance et les quatre arrêts à observer.

6. En avril 1428, un autre messager à cheval du bailliage de Rouen, Perrin Aubry, met huit jours pour aller et revenir de Rouen à Paris, séjour à Paris compris. (Bibl. Nat., ms. fr. 26050, n° 870.)

7. *Journal de Clément de Fauquembergues*, greffier du Parlement de Paris, *ad ann.* 1429, dans *Procès*, t. IV, p. 451.

8. Monstrelet, l. II, chap. LX, éd. Douët d'Arcq, t. IV, p. 324.

9. *Chronique de la Pucelle*, chap. XLIX, éd. V. de Viriville, p. 297. *Berry, ad ann.* 1429, dans Godefroy, p. 378.

semaine bien juste, entre la première impression produite par l'événement d'Orléans et la nécessité où le gouvernement anglais se trouvait déjà réduit, de couper court, par les moyens les plus expéditifs et les plus vigoureux, à cette déroute morale, aussi imprévue qu'humiliante, qui désagrégeait sans remède les vieilles bandes de la journée de Verneuil, de la conquête du Maine et de la campagne de la Loire.

La vision nette de cette décomposition spontanée est d'autant plus frappante qu'elle coïncide avec la bizarre période d'inaction, qui, dans le camp français, suspend durant trois longues semaines tout effort offensif, toute reprise de cette tactique d'attaque qui venait de s'affirmer sous les murs d'Orléans, en secouant si violemment, de part et d'autre, les imaginations ébranlées. Le 10 mai en effet, le surlendemain du départ de l'armée anglaise, Jeanne d'Arc quitte Orléans [1], pour aller trouver le triste et déprimant entourage de la cour française, pour errer de Tours à Loches [2], impatiente d'action, d'action prompte surtout. Le 2 juin seulement, à Chinon, la marche en avant s'organise [3], et le 9, Orléans voit rentrer sa libératrice [4].

En dix jours alors, il est vrai, une campagne est achevée, Jargeau, Meung et Beaugency nettoyés, et la journée de Patay fait reculer l'invasion hors de la vue de la Loire. Les faits qui résultent du témoignage nouveau dont l'interprétation vient d'être donnée dévoilent avec une évidence suffisante que ce résultat, par le simple jeu des choses et des forces en action, aurait pu se trouver avancé d'un mois, dans le coup d'abandon général dont on tient désormais la preuve.

Le Régent anglais, au moment où il reçoit ces nouvelles consternantes, se trouve posté à Paris, dans l'apparence d'une sécurité qui depuis de longues années ne connaît plus les alertes. Il y est rentré vers la fin de l'hiver, revenant de Chartres, d'où il a dirigé de loin, à contre-cœur, les opérations du siège d'Orléans, entrepris depuis le mois d'octobre précédent, contre sa prévoyante répugnance et ses conseils répétés [5]. Il ne paraît pas s'en être éloigné depuis, puisque, vers un moment qui demeure assez vague, mais qui semble néanmoins se placer dans le courant d'avril, le chroniqueur-soldat Jean de Wavrin l'y rejoint au retour

1. *Chronique de la Pucelle*, chap. L, p. 298.
2. De Beaucourt, *Hist. de Charles VII*, t. II, p. 214-216.
3. *Ibid.*, p. 217-218.
4. Wallon, *Jeanne d'Arc*, t. I, p. 188-189.
5. Le duc de Bedford avait quitté Paris le 10 novembre 1428, un mois après l'ouverture du siège d'Orléans, se dirigeant sur Chartres par Mantes. (*Journal d'un bourgeois de Paris, ad. ann.* 1428, éd. Tuetey, p. 230.) Sa présence à Chartres est constatée par des revues d'effectif, au 15 décembre 1428 et encore au 19 janvier 1429. (Boucher de Molandon et Adalbert de Beaucorps, *L'Armée anglaise vaincue par Jeanne d'Arc sous les murs d'Orléans*, chap. IV, par. I, p. 99-110, et pièces just., nos 44, 50, 46 et 42; L. Jarry, *Le Compte de l'armée anglaise au siège d'Orléans*, art. 39, 43, 6-7, et 38, 43, 5 — *Mémoires de la Société archéologique et historique de l'Orléanais*, t. XXIII, année 1892.) Il y est certainement encore le 1er février. (Arch. Nat., JJ 174, no 263, cf. nos 262 et 267.) On voit plusieurs officiers de sa maison particulière passer des revues à Corbeil, au moins entre le 7 et le 20 février. (De

d'une expédition en Beauce, et vient y compter dans sa maison militaire [1]. En tout cas, c'est à Paris qu'il apprend, le 10 mai, le désastre d'Orléans. Au reçu du message, redoutant un soulèvement populaire, il va s'enfermer, non pas même à la Bastille, mais à Vincennes [2], d'où, le cas échéant, la retraite en rase campagne présenterait moins de périls. Il devait quitter cet abri, quelques semaines plus tard, pour aller attendre à Corbeil [3] les nouvelles de la rencontre qui se prépare dans la plaine de Beauce entre l'armée nationale et les forces anglaises, et qui fut, le 18 juin, la journée de Patay [4].

C'est donc à Vincennes, sans doute, que le duc de Bedford, informé de la levée du siège, de la mort de Glasdall et du pernicieux affolement produit sur ses compatriotes par cet inexplicable retour de fortune, dut presque immédiatement édicter, vers le 15 ou le 17 mai, les ordres caractéristiques qui viennent d'être résumés, et qui attestent l'accablante dépression d'une armée renommée depuis quinze ans pour son sang-froid, son invincible discipline et sa cohésion légendaire.

Désordre moral que le tout-puissant duc de Bedford était personnellement en situation de comprendre. Lui-même, en effet, ne paraît pas avoir été exempt d'un trouble vague, éprouvé devant ce péril d'ordre anormal et supérieur. Soldat tout autant que politique, le frère de Henry V savait payer de sa personne : il allait le montrer devant Evreux ; il le prouvait à Verneuil, où il se battait en simple homme d'armes, cavalier volontairement démonté, et taillant de sa hache à deux mains dans le plus épais de la mêlée. La lettre souvent citée, qu'il écrivait dans sa langue natale au jeune roi son neveu [5], à une époque qu'il est difficile de préciser, mais qui peut se placer entre l'événement d'Orléans et le fort des succès français, entre le milieu de mai et la fin d'août [6], révèle néanmoins à

Molandon et de Beaucorps, *l. c.*, n°s 46, 42; L. Jarry, *l. c.*, art. 43, 5.) Lui-même y signale sa présence le 19 février. (Arch. Nat., JJ 174, n° 266.) Cette place de Corbeil paraît d'ailleurs avoir été un des points d'observation préférés du Régent : ainsi c'est à Corbeil qu'il retourne pour se poster, au moment de Patay (Journal de Clément de Fauquembergues, *ad. ann.* 1429, dans *Procès*, t. IV, p. 453, voir ci-dessous), et plus tard encore, au moment de la retraite de Charles VII sur le pont de Bray-sur-Seine (Journal du siège d'Orléans, dans *Procès*, t. IV, p. 187-188). Toujours est-il qu'il se retrouve à Paris le 14 mars (de Molandon et de Beaucorps, *l. c.*, n° 54), où le duc de Bourgogne vient lui-même séjourner du 4 au 22 avril. (*Journal d'un bourgeois de Paris*, *ad. ann.* 1429, éd. Tuetey, p. 233-234.)

1. *Wavrin*, part. V, l. IV, chap. x, éd. de Mlle Dupont, t. I, p. 280-281.
2. *Chronique de la Pucelle*, chap. XLIX, éd. V. de Viriville, p. 297.
3. Journal de Clément de Fauquembergues, *ad. ann.* 1429, dans *Procès*, t. IV, p. 453.
4. Le récit le plus sûr de l'affaire de Patay, comme de celle de Verneuil, est celui de Jean de Wavrin, qui dans les deux journées combattait à son rang, et a parfaitement su raconter ce qu'il a vu. (*Wavrin*, part. V, l. IV, chap. XIII, éd. de Mlle Dupont, t. I, p. 287-295.)
5. Fragment d'une lettre du duc de Bedford à Henry VI, dans Rymer, *Fœdera*, t. IV, part. IV, p. 141, et dans *Procès*, t. V, p. 136-137.
6. Dans le fragment publié, il est question du désastre d'Orléans (8 mai), et d'une suite ininterrompue de revers.

quel point il se sentait frappé d'un sourd effroi, qu'il s'avouait dans le secret de son être, en le subissant fatalement. Les prodiges opérés par la paysanne de Domremy, par ce « disciple et fauteur de l'ennemi, qui a usé de faux enchantements et de sorcellerie », et dont il dénonce l'incompréhensible et diabolique influence, semblent avoir remué en lui tout un fonds d'émotion inquiète et d'obsédante anxiété, dont il a peine à défendre son courage et sa raison [1].

Quant aux commandants de place auxquels étaient expédiés ces ordres impérieux, les documents contemporains permettent de reconnaître avec sûreté deux d'entre eux, ceux de Dieppe et de Harfleur[2]. Les garnisons d'Eu et de Fécamp, beaucoup moins importantes, ne figurant pas sur les comptes de Normandie[3], et se trouvant payées sans doute sur quelques budgets spéciaux ou locaux dont les épaves mêmes semblent disparues, il ne faudrait compter que sur quelque heureux hasard pour dévoiler la personnalité de leurs capitaines[4].

Le commandant en titre de Dieppe est alors John Salvayn, chevalier, bailli de Rouen. Il y a lieu de croire qu'il occupait simultanément les deux postes depuis l'entrée en fonctions du Régent, à l'avènement du jeune Henry VI, vers la fin de 1422, genre de cumul si fréquent dans l'organisation de l'administration anglaise. Il garde le titre de bailli de Rouen jusqu'en la dernière année de l'occupation, sauf l'interruption qui lui fut imposée pendant le séjour de Henry VI à Rouen et la durée du procès de Jeanne d'Arc. Quant au service de capitaine de Dieppe, l'enlèvement de

1. Sur cette lettre, voir : Ch. de Beaurepaire, *Recherches sur le Procès*, p. 3 ; Vallet de Viriville, *Hist. de Charles VII et de son époque*, t. II, p. 78 ; de Molandon et de Beaucorps, *L'Armée anglaise*, p. 61.

2. Ch. de Beaurepaire, *De l'Adm. de la Normandie* (p. 31-39). Sur l'identité (*Ibid.*, p. 62) de Honfleur et Harfleur, voir ci-dessous, p. 17, n. 2.

3. *Ibid.*, id.

4. Le commandant de la place d'Eu dont on rencontre le nom pour l'époque la plus rapprochée de 1429 est l'Anglais John Stanlawe, qu'on voit occupant ce poste en mai 1430, et peut-être dès le début de décembre précédent. (Bibl. Nat., Cab. des titres, P. or., *Stanlawe*, n° 4.)

John Stanlawe, écuyer, paraît avoir cumulé singulièrement des fonctions d'ordre militaire et financier. En 1426, comme on vient de le voir, il était lieutenant à Dieppe. (Arch. Nat., K 61, n°s 25 [9] et 25 [10].) Au 1er octobre 1428, et au moins jusqu'au milieu de décembre 1429, il est trésorier de l'hôtel du Régent. (Bibl. Nat., ms. fr. 4488, f°s 20, 22, 28 à 43 ; P. or., *Stanlawe*, n°s 2 et 3.) Il devient ensuite trésorier général de Normandie, de 1435 à 1448, charge qu'il exerce concurremment avec celles de commissaire spécial en diverses parties et de capitaine de plusieurs places. (Bibl. Nat., P. or., *Stanlawe*, passim ; coll. Clairambault, vol. 201, p. 8413 et 8415, n°s 10 et 12.)

Fécamp, quoique classé comme place munie d'un commandant, en octobre 1419 (*Rôles norm. et franç.*, n° 675), ne figure pas sur la liste, très fournie cependant, des forteresses et châteaux conquis par Henry V et garnis par lui de capitaines (*Ibid.*, n° 1359). En avril 1419, le donjon ruiné de Fécamp avait été donné (*Ibid.*, n° 476) à Hugh Spencer, écuyer, qui fut plus tard bailli de Caux en 1429 et 1430, puis bailli de Cotentin (Léopold Delisle, *Mémoire sur les baillis de Cotentin — Mém. de la Société des Ant. de Normandie*, t. XIX, année 1851), depuis 1432 jusqu'à l'évacuation de 1450.

la ville par le hardi partisan français, Charles Desmarets, dans l'automne de 1435, dut y mettre naturellement un terme[1]. A l'heure actuelle, en tout cas, John Salvayn n'exerce en personne ni l'une ni l'autre de ces charges. Il est, depuis le 15 décembre 1428 au moins, engagé dans l'armée d'Orléans, et le renouvellement de ses contrats, prolongés de terme en terme, le montre encore présent sur les bords de la Loire à la date du 20 avril[2]. Il n'a guère pu regagner son poste, puisque vers la fin de juin, au moment où l'armée royale prononce enfin sa marche sur Reims, on le retrouve chargé de la garde des passages de la Marne et de la Seine, en résidence dans cette place de Lagny[3] qui allait devenir une des positions avancées les plus solides et les plus menaçantes des lignes françaises[4]. Ses doubles fonctions devaient donc alors être remplies, à Rouen par le lieutenant général du bailliage, le Français Pierre Poolin[5],

1. John Salvayn, chevalier, d'une race anglaise. (*Rôles norm. et franc.*, n. 90.) On le trouve bailli de Rouen dans le cours d'octobre 1422 (Bibl. Nat., ms. fr. 26046, n° 4), et certainement pas avant le 8 octobre 1421, où son prédécesseur est encore en fonction. (*Rôles norm. et franç.*, n° 1039). Il mourut en charge au début de 1449, quelques mois avant le retour de Rouen à la cause nationale. (Documents cités par Cheruel, *Histoire de Rouen sous la domination anglaise au XVe siècle*, p. 141.) Au cours de son administration, en 1439, il résigne ses fonctions aux mains de Raoul Bouteiller, ancien bailli de Caux de 1422 à 1423, résiliation provisoire qui a lieu entre le terme du 28 septembre 1430 (Bibl. Nat., coll. Clairambault, vol. 198, p. 8151, n° 15), et le 7 octobre suivant (Ch. de Beaurepaire, *Recherches sur le Procès*, p. 22) : il les reprend à la fin de 1431, entre le 25 octobre 1431 et le 17 décembre suivant (*Ibid.*, id.).

On le trouve capitaine de Dieppe au moins à partir du terme du 28 septembre 1423. (Bibl. Nat., ms. fr. 4485, f° 244, où il est marqué en fonctions le 2 octobre) : on le voit en charge de 1423 à 1429 (Ch. de Beaurepaire, *De l'Adm. de la Normandie*, p. 31-39), encore au 28 septembre 1429 (*Ibid.*, id.). Il continue ces dernières fonctions après les événements de 1429 (Bibl. Nat., ms. fr. 25769, n° 478; coll. Clairambault, vol. 198, p. 8151, n° 17), pendant son intérim de bailli (Bibl. Nat., coll. Clairambault, *l. c.*, et Cab. des titres, P. or., *Salvain*, n° 19), et après sa rentrée en charge (Bibl. Nat., ms. fr. 25771, n° 897). On l'y rencontre encore au 17 mars et au 14 juillet 1435 (Bibl. Nat., coll. Clairambault, vol. 198, p. 8155, n° 21, et ms. fr. 25772, n° 962).

La place de Dieppe, qui resta française depuis, fut enlevée par Charles Desmarets, dans la nuit du 28 au 29 octobre 1435. (*Monstrelet*, l. II, chap. xcviii, éd. Douët d'Arcq, t. V, p. 200, et Hellot, notes des *Chron. de Normandie*, p. 262, n° 258.)

2. De Molandon et de Beaucorps, *L'Armée anglaise*, p. 123-124, et *Pièces just.*, nos 75, 76, 77.

3. Ch. de Beaurepaire, *De l'Adm. de la Normandie*, p. 60.

4. Lagny redevient français le 29 août (*Chronique de la Pucelle*, chap. lxii, éd. V. de Viriville, p. 335). Voir ci-dessus, p. 10, n. 7.

5. Pierre Poolin, ancien procureur général de la ville de Rouen en 1414 (Cheruel, *Hist. de Rouen*, Pièces just., p. 35-38, et 38, n. 3), passé ensuite au service du gouvernement anglais. On le trouve lieutenant général du bailliage, au moins au 7 juillet 1421 (Bibl. Nat., ms. fr. 26044, n° 5640), et certainement pas avant le 27 décembre 1420, où son prédécesseur est encore en charge (Bibl. Nat., Cab. des titres, P. or., *Beauchamp*, n° 23) ; il y est encore au 5 janvier 1430 (P. or., *Poolin*, n° 9). Il fut remplacé comme son chef Salvayn (sans doute en même temps que lui), mais ne fut pas repris par ce dernier lors de sa propre réintégration (Ch. de Beaurepaire, *Recherches sur le Procès*, p. 23).

à Dieppe, par un lieutenant de place qu'il est difficile de déterminer[1].

La ville de Harfleur, qui tenait en ce temps la place du grand port qui l'a peu à peu supplantée, a pour capitaine un personnage moins connu, mais qui marque néanmoins de son nom chaque année du régime de la domination étrangère. William Myners, écuyer, gouverne Harfleur au moins depuis les premiers temps de la régence de Bedford, et demeure dans le même poste jusqu'à la surprise de la place par la grande insurrection cauchoise, dans l'hiver de 1435[2]. A l'heure qui vient d'être fixée, en mai 1429, il est également absent de son poste et sert à l'armée d'Orléans. On le rencontre en effet auprès du Régent, à Chartres, le 8 janvier[3]. Dans les derniers jours d'avril il est encore présent au siège[4]. Une mésaventure attend William Myners avant la fin de la campagne. Tout comme Talbot et Scales[5], en compagnie de Thomas Gérard, capitaine de Montereau[6], de Thomas Rampston, capitaine d'Argentan, de Walter

1. En août 1426, les fonctions de lieutenant à Dieppe étaient remplies par l'écuyer John Stanlawe, dont il a été parlé à l'occasion de la place d'Eu. (*Arch. Nat.*, K 52, n°s 25 [9] et 25 [10].)

2. William Myners, écuyer, de race anglaise. (*Rôles norm. et franç.*, n° 123.) On le trouve capitaine de Harfleur, au moins à partir du 30 novembre 1422, ordonné pour cinq ans entiers (Bibl. Nat., ms. fr. 4485, f° 213) ; on le voit en fonctions de 1423 à 1429 (Ch. de Beaurepaire, *De l'Adm. de la Normandie*, p. 31-39); au terme du 28 septembre 1428, il est encore retenu pour un an (Bibl. Nat., ms. fr. 4488, f° 272-275), délai qu'il ne devait pas remplir entièrement, comme on va s'en rendre compte. Il ne faut attribuer qu'à quelque inexactitude typographique le passage (quelquefois répété depuis), où il est signalé, en 1429, comme capitaine de Honfleur (*De l'Adm. de la Normandie*, p. 62); voir par contre, sur ce point, les autres passages du même ouvrage, aux articles Harfleur et Honfleur (*Ibid.*, p. 31-39), et le texte même du compte analysé (Bibl. Nat., ms. fr. 4488, f°s 272-275). On le retrouve en charge après les événements de 1429 (Bibl. Nat., coll. Clairambault, vol. 179, p. 6347, n° 89). On l'y voit encore au 29 avril 1435 (coll. Clairambault, *id.*, vol. 179, p. 6337, n° 79), où l'*Inventaire des sceaux* (t. I, p. 644, n° 6118) le distingue sans motif sous le nom de *Jehan* Myners. Monstrelet l'indique formellement comme capitaine de la place, ayant capitulé devant les insurgés cauchois, à la fin de décembre 1435 (*Monstrelet*, l. II, chap. XCVIII, éd. Douët d'Arcq, t. V, p. 202). Il ne revient pas à Harfleur après que les Anglais en eurent repris possession, en 1440. Il commanda, dans cet intervalle, Tancarville et la Carrière-Saint-Vigor, puis plus tard, jusqu'en 1444, le port de Régnéville, le havre de Coutances, l'un des points de transit les plus fréquentés du Cotentin. (Siméon Luce, *Chron. du Mont-Saint-Michel*, t. II, p. 191, n. 1.) — Harfleur fut enlevé par les insurgés cauchois dans le temps qui s'écoule entre le 26 décembre 1435 (Monstrelet, *ll. cc.*) et les premiers jours de janvier. (Doc. cités par Vallet de Viriville, *Hist. de Charles VII et de son époque*, t. II, p. 341, et id., n. 2.) La ville devait retomber au pouvoir des Anglais dans l'été de 1440. (De Beaucourt, *Hist. de Charles VII*, t. III, p. 20-21.)

3. De Molandon et de Beaucorps, *L'Armée anglaise*, p. 107, et Pièces just., n° 53.

4. L. Jarry, *Le Compte de l'armée anglaise*, art. 56. Retenu pour quinze jours encore, au moins, du 9 au 23 avril.

5. Mentionnés par toutes les chroniques contemporaines.

6. Lettre de Jacques de Bourbon, comte de la Marche, à Guillaume de Champeaux, évêque de Laon, en date du 24 juillet 1429. (S. Bougenot, *Notices et Extraits des manuscrits intéressant l'histoire de France conservés à la Bibliothèque Impériale de Vienne*, p. 62 — *Comité des Travaux historiques*, *Bulletin historique et philologique*, année 1892.)

Hungerford, capitaine de Cherbourg[1], venus comme lui du fond de la Normandie[2], il est fait prisonnier, en juin, à la journée de Patay. En novembre, on le retrouve libre et de retour à Harfleur[3]. Mais sa commission, dans le cours de mai, à l'heure de la panique où la domination ennemie semblait se dissoudre d'elle-même, devait être exercée, comme à Dieppe, par quelque suppléant sédentaire. Quelque lieutenant de forteresse se trouvait chargé en son nom de garder soigneusement ce précieux atterrage, conquis au prix de tant de sang, qui assurait à l'occupation étrangère le commandement de l'entrée de la Seine et de la route naturelle de Paris, et par lequel le flot de l'invasion, après avoir pénétré sans arrêt durant quinze années, menaçait à présent de précipiter une brusque et surprenante retraite, en repartant tumultueusement vers sa source.

Sans attacher à ce curieux document une importance disproportionnée qui risquerait d'en dénaturer le sens et la portée, il convient donc de porter en compte les phénomènes qu'il révèle, et de leur attribuer le rang qu'ils méritent parmi les témoignages épars produits en ces dernières années sur le retentissement populaire et insondable du fait de Jeanne d'Arc[4]. L'insaisissable péril, le risque mystérieux qu'une

1. *Chronique de la Pucelle*, chap. LXII, éd. V. de Viriville, p. 307.

2. Sur leurs postes à ce moment, voir *Berry*, *ad ann.* 1429, dans Godefroy, p. 377 ; Ch. de Beaurepaire, *De l'Adm. de la Normandie*, p. 31-39 ; Siméon Luce, *Philippe Le Cat*, Pièces just., n°s 1 et 2 (*Mémoires de l'Académie nationale des Sciences, Arts et Belles-Lettres de Caen*, années 1887-1888).

3. On le constate prisonnier à la date du 23 juin (Septième compte de Pierre Surreau. Bibl. Nat., ms. fr. 4488, f°s 500-504) : il paraît de retour à Harfleur au 5 novembre (Bibl. Nat., Cab. des titres, P. or., *Miners*, n° 5, et coll. Clairambault, vol. 179, p. 6347, n° 89).

Dans l'intervalle, le commandement de Harfleur est confié à Jean de Robersart, chevalier, déjà capitaine de Caudebec, seigneur de Saint-Sauveur-le-Vicomte (Léopold Delisle, *Histoire du château et des sires de Saint-Sauveur-le-Vicomte*, p. 251 et ss.), qu'on trouve en fonctions au 23 juin « pour l'absence et emprisonnement de Guillaume Mineurs, capitaine dudit lieu » (Ms. fr. 4488, f°s 500-504). Jean de Robersart est retenu régulièrement par lettres de garant du 21 juillet, pour un mois, à compter du 25 juin, jour de ses revues. On le trouve cependant remplacé, le 11 août, par Richard Lowyk, chevalier, seigneur de Criquetot (*Rôles norm. et franç.*, n° 457), naguère engagé dans l'armée d'Orléans. (L. Jarry, *Le Compte de l'armée anglaise*, art. 24.) Ce dernier est retenu successivement pour un mois, à compter du même jour, puis pour trois autres mois, qu'il ne semble pas avoir terminés (Ms. fr. 4488, f°s 500-504).

4. Dans cet ordre d'idées, outre les *Suppléments aux témoignages contemporains sur Jeanne d'Arc*, ajoutés par M. Quicherat en 1877 et 1882 à l'œuvre du *Procès* (*Revue historique*, juillet-août 1877 et mai-juin 1882), on peut noter entre autres, en ces dernières années, les études ou communications suivantes :

Note de Guillaume Giraut, notaire au Châtelet d'Orléans, sur la levée du siège de 1429, publiée par M. Boucher de Molandon (*Mémoires de la Société historique et archéologique de l'Orléanais*, t. IV, 1858, p. 382-389.) — *Oraisons latines pour la délivrance de Jeanne d'Arc* (Cf. *Messes et oraisons pour Jeanne d'Arc*, dans *Procès*, t. V, p. 104-164), trouvées par M. Edmond Maignien dans les Archives de l'Isère, et transmises par M. Antonin Macé au Comité des Travaux historiques : rapport de M. Hippeau (*Revue des Sociétés savantes des départements*, 4e série,

armée[1] entraînée à tous les courages et à tous les dangers, solidement encadrée, supérieurement commandée, sentait flotter autour d'elle comme une menace immatérielle et d'autant plus terrifiante, comme le génie mouvant et ailé de la Peur, s'y laisse surprendre sur le vif et s'y grave tout entier. L'âme docile aux impulsions, remuée d'images, simple et mobile du soldat, en tous les temps, sous tous les uniformes, est par destination sujette à toutes les secousses, pour tous les assauts comme pour toutes les débâcles. Sous ce rapport, les faits résultant de l'acte qui vient d'être ainsi commenté se trouveront peut-être instructifs, et pourront servir à jeter un jour plus net sur l'état moral de l'homme de guerre d'alors, au fort de ce saisissant et merveilleux mois de mai de l'an 1429.

t. VI, 1867, 2e semestre, p. 412-414). — *Ballade contre les Anglais*, découverte par M. Paul Meyer aux Archives de la Drôme, dans des liasses provenant des Archives de Romans (*Romania*, t. XXI, 1892, p. 50-52). — *Le Trésor anglais à Paris et le procès de Jeanne d'Arc*, de M. Siméon Luce (*Mémoires de la Société de l'Histoire de Paris et de l'Ile-de-France*, t. V, 1878, p. 299-307). — *Huitains inédits de Martin Le Franc sur Jeanne d'Arc*, tirés d'un manuscrit de Bruxelles par M. Arthur Piaget, et publiés récemment dans le *Moyen Age* (mai 1893, p. 105-107).

Voir également la publication, par M. Léopold Delisle, à la suite d'un *Rapport sur une communication relative à l'histoire de Jeanne d'Arc*, de l'acte du 11 avril 1433, concernant divers travaux exécutés au château de Rouen (*Rev. des Soc. sav.*, 4e série, t. V, 1867, 1er semestre, p. 438-441). Ce texte a tranché en dernier ressort la question de la situation exacte de la prison de Jeanne d'Arc. — Voir le résumé de tous les débats successifs soulevés par cette discussion dans la note définitive de M. Bouquet. (*Un dernier mot sur l'emplacement de la prison de Jeanne d'Arc* — *Revue de la Normandie*, t. VI, 1867, p. 873-883.)

1. A noter la déposition au procès de réhabilitation de Thomas Marie, prieur de Saint-Michel-du-Mont près Rouen. « Dicit quod... quia ipsi Anglici sunt communiter superstitiosi, existimabant de ea aliquid fatale esse. » — « Interrogatus quomodo scit quod Anglici sunt superstitiosi, dicit quod communis fama est, et est vulgare proverbium. » (*Procès*, t. II, p. 370.)

1429, 25 mai, Rouen.

Quittance de Guillaume Polain, messager à cheval, délivrée par devant Michel Durant, vicomte de Rouen, à Pierre Surreau, receveur général de Normandie, de soixante-dix sous tournois, salaire convenu d'un voyage exécuté par lui en toute hâte, en ce présent mois de mai, de Rouen à Eu, Dieppe, Fécamp et Harfleur, pour porter aux capitaines de ces places ou à leurs lieutenants des lettres closes du duc de Bedford, régent de France, à eux adressées, et défendant de laisser aucuns gens de guerre déserteurs se rembarquer pour l'Angleterre.

(Bibl. Nat., Cab. des Titres, Pièces originales, *Durant*, n° 9.)

L'an mil quatre cens et vint neuf, le XXVe jour de may, par devant nous Michiel Durant, viconte de Rouen, fut présent en sa personne Guillaume Polain, messagier à cheval, demeurant à Rouen, lequel cogneut et confessa avoir eu et receu de Pierre Surreau, receveur général de Normandie, la somme de soixante dix sols tournois qui deue lui estoit pour ses pene, salaire et despens d'avoir hastivement esté à cheval, en ce présent mois de may, de Rouen ès lieux de Dieppe, Eu, Fescamp et Harfleu porter lettres closes de par monseigneur le Régent le royaume de France, duc de Bedfort, adreçans aux cappitaines d'iceux lieux ou leurs lieutenans, contenans entre autres choses qu'ils ne laissassent passer pour aller en Angleterre aucunes gens de guerre anglois estans pardeça la mer, dont il devoit avoir, par marchié à lui fait, ladicte somme de LXX solz tournois, de laquelle il s'est tenu et tient pour content et bien paié et en a quitté le Roy nostre sire, ledit receveur général et tous autres. Donné l'an et jour dessusdiz.

Signé : Petit.

Registratum.

Original parchemin. Scellé sur simple queue : le sceau manque.

CHALON-SUR-SAÔNE, IMP. FRANÇAISE ET ORIENTALE DE L. MARCEAU. — 17348

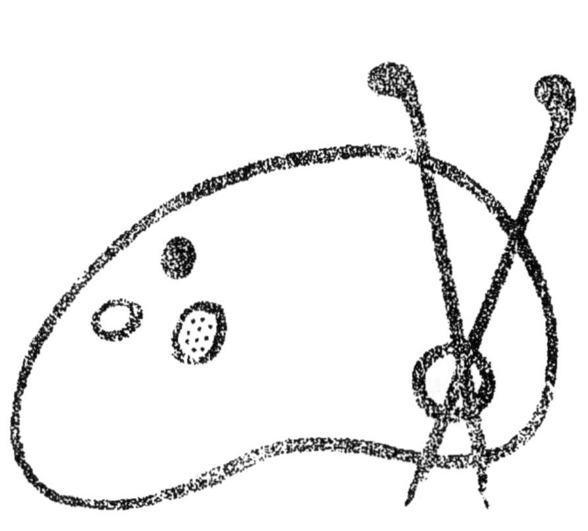

www.ingramcontent.com/pod-product-compliance
Lightning Source LLC
LaVergne TN
LVHW010300230826
846091LV00007B/3071

* 9 7 8 2 0 1 3 4 6 2 2 1 1 *